내 멋대로 미술가

발렌티나에게
_벤 스트리트

내 멋대로 미술가

벤 스트리트 글
제이 대니얼 라이트 그림
황유진 옮김

안녕, 나는 레오야.
너의 미술관 가이드지.
신나게 즐길 준비됐지?
그래야 진짜 '내 멋대로 미술가'가
될 수 있거든.

북극곰

내 멋대로 미술가가 왜 되어야 하냐고?

따분한 어른들은 너에게 말할 거야.
미술은 무척 진지한 거라고.

하지만 시대를 통틀어 미술의 가장
큰 비밀이 뭔지 알고 싶지 않니?
모나리자의 미소보다 더 큰 비밀 말이야!

미술은, 재미있다는 거야!

수천 년 동안 어른들은 미술을 신비롭고 어렵게
보이려고, 온갖 방법으로 말을 꾸며 냈어.
미술은 오직 어른들만 알 수 있는 거라고도
말했지.

다 말도 안 되는 소리야!

레오나르도 다 빈치,
〈모나리자〉, 1503년–1519년경

웃기시네!

이 책에서 알 수 있듯이 미술은 엉뚱하고,
거칠고, 버릇없고, 짓궂은 거야.

미술 덕분에 우리는 죽음처럼 무서운 것과
행복이란 어떤 기분인지에 대해 생각해 볼 수 있어.
미술은 우리에게 이야기를 들려주기도 하고
우리의 생각에 질문을 던지기도 해.
이해받는다는 느낌이 들게도 하지.

그러니 미술을 즐기고 싶다면,
이제는 네 멋대로 굴어 봐!

진정한 '내 멋대로 미술가'가 되려면…

1 너만의 생각을 갖는 것이 중요해.
   이렇게 생각하라는 어른들의 말은 듣지 마.

2 미술을 다른 시각에서 바라봐.
   필요하다면 완전히 거꾸로 보는 것도 좋아.

3 틀릴까 봐 걱정하지 마.
   미술에 정답은 없으니까!

늘 즐거움을 잃지 말길 바라.
좀 별나도 괜찮아.

'내 멋대로 미술가'가 되는 길은
여기서부터 시작이야!

차례

아이고. 초현실주의? 추상 미술?
용어가 너무 어려워. 그렇지?

온갖 어려운 단어를 갖다 붙이는 어른들 때문에
사람들은 미술에서 점점 멀어져.
하지만 네가 이해하기 쉽게 풀어 줄게.

8 초상화

말 그대로 사람을 그린 그림이야. 무서운 건 하나도 없어.
물론 몇몇 그림은 좀 무서워 보이기도 해.

22 초현실주의

네가 꿨던 가장 신기한 꿈 하나를 떠올려 봐.
팔에는 가재 집게발이, 머리에는 양배추가 붙어 있었다고?
좋아. 그게 바로 초현실주의야.

32 고대 조각

대부분 아주 딱딱한 덩어리(돌, 나무, 맛있는 치즈도?)를
잘라 내는 거야. 사람 모양이 될 때까지.

40 정물화
보통 식탁 위에 올린 여러 사물을 그린 그림을 말해.
과일, 꽃, 그리고 화가의 마음이 어둡고 복잡할 때는 해골도 그릴 수 있지.

50 누드화
엉덩이 한 가득, 가슴도 한 가득. 모든 종류의 벌거숭이 그림이
준비되어 있으니 마음의 준비를 해.

58 추상 미술
사람이나 사물은 금지, 색채와 형태만 허용!
구불구불, 좌르륵, 투두둑, 철퍼덕. 그만, 이제 완벽해!

68 현대 미술
모든 것은 미술이 될 수 있어. 아무것도 아닌 것도 미술이 될 수 있지.
방귀도 미술이 될 수 있냐고? 물론이지! 무엇이든 가능해. 얼마나 재미있다고.

76 전문 용어
책에 실린 어려운 단어를 모아서 뜻을 알려 줄게.
쓸모 있겠지?

78 작품 목록
책에 나온 모든 미술 작품에 대해 알려 줄게.
누가 무슨 재료로 언제 그렸는지를 말이야.

초상화

초상화

어른들이 자기를 찍은 사진에
필터를 입혀 수정하는 것 봤지?
옛날 사람들이 멋진 그림을 얻으려고
했던 일들에 비하면, 아무것도 아니야.

수백 년 전에는 사진을 쭉 내려 보면서
마음에 들지 않는 사진을 지우는 일이
불가능했어. 아니, 사진 같은 건 아예
없었지.

자신을 세상에 드러내고 싶은
사람이라면, 화가에게 돈을 주고
초상화를 그려 달라고 부탁해야 했어.

작자 미상, 중국 황후 초상화(서태후로 추정), 1835-1908년경

작자 미상, 〈무굴 왕비〉,
1800-1899년경

작자 미상, 〈나지르 알 딘 샤의
젊은 시절 초상화〉, 1850년경

로히어르 판 데르 베이던, 〈포르투갈의
이자벨라 부인의 초상화〉, 1450년경

한스 홀바인(아들),
〈베디흐 가문 사람의 초상 3〉, 1532년

황제와 황후, 왕과 왕비, 샤('왕'을 뜻하는 페르시아어), 상인과 귀족들이 초상화를 주문했어. 특히 그림에서 자신들이 귀하고 중요한 사람이라는 점이 드러나길 원했지.

누가 지배자인지 똑똑히 보여 주기 위해, 초상화의 주인공들은 다들 예복을 갖춰 입고 보석을 주렁주렁 달았어.

진실을 말하자면,
어떤 초상화는 현실과 전혀 달랐어.

유명한 권력자들의 초상화 중에는 순 거짓말도 있어.

19세기 프랑스의 군주 나폴레옹 보나파르트도 그중 한 사람이지. 나폴레옹은 이 대단한 초상화를 위해 자세를 취한 적조차 없다니까.

자크 루이 다비드, 〈그랑 생 베르나르 고개로 알프스 산맥을 넘는 나폴레옹〉, 18세기 후반-19세기 초반

나폴레옹은 치질로 고생하느라,
단 몇 시간밖에 모델이 되어 줄 수 없었어.
결국 화가 자크 루이 다비드는 아들에게
나폴레옹의 낡은 제복을 입힌 후 사다리에
앉혔어. 그 덕에 그림을 마칠 수 있었지.

이건 속임수의 시작일 뿐이야.

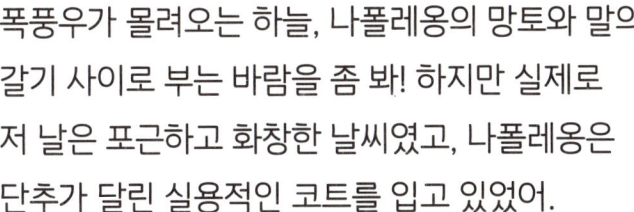

폭풍우가 몰려오는 하늘, 나폴레옹의 망토와 말의
갈기 사이로 부는 바람을 좀 봐! 하지만 실제로
저 날은 포근하고 화창한 날씨였고, 나폴레옹은
단추가 달린 실용적인 코트를 입고 있었어.

화가는 초상화의 주인공을 훨씬 젊고 건강하고 멋지게 그리는
걸로 유명했어. 이 그림도 예외는 아니지. 나폴레옹은 이 그림을
무척 사랑했어. 충격적이지.

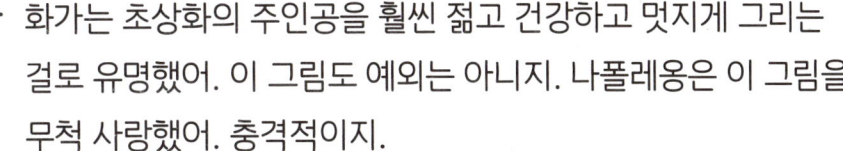

와! 거칠고 아름다운 저 말 좀 봐. 나폴레옹을 태운 채
머리를 쳐들고 전쟁터로 막 뛰어드는 것 같지? 정말 인상적이야.
그런데 사실 나폴레옹은 군대를 먼저 보낸 며칠 후에야
노새를 타고 알프스를 넘었어. 그다지 멋있진 않지?

옛 시절, 초상화는 세상이 너를 어떻게 바라보고 기억하는지를 보여 주는 수단이었어. 스마트폰이 나오기 전 사람들은 화가에게 자기 모습을 조금 수정해 달라고 부탁했지. 에헴.

화가들은 이런 속임수 요청을 기꺼이 받아들였어. 만족한 고객들이 주변 부자 친구들에게 소문을 내면, 일감도 늘어나고 돈도 더 많이 벌 수 있으니까!

네덜란드의 유명한 화가 안토니 반 다이크가 아내 메리를 그린 그림을 한번 볼까? 가장 먼저 눈에 띄는 건 드레스야. 잘 살펴봐!

비단의 광택과 주름을 어떻게 물감으로 진짜처럼 표현해 냈을까? 비결은 '엄청난' 시간을 들이는 거야.

하지만 생각해 봐. 이건 실제로 살아 있는 사람의 초상화라고. 화가 아내의 피부가 정말 저렇게 매끄러웠을까? 손가락은 저렇게 길고 우아했을까? 집에서도 항상 진주 장신구를 차고 있었을까?

진실은 알 수 없지…

안토니 반 다이크, 〈반 다이크의 아내 메리〉, 1640년경

이제 진지하고 오래된 초상화로 가득한 미술관을 돌아다닐 때면, 자연스럽게 상상하게 될 거야. 모델들이 화가에게 이런저런 부탁을 하는 모습을 말이야.

턱선은 보다 뚜렷하게, 허리는 보다 잘록하게!

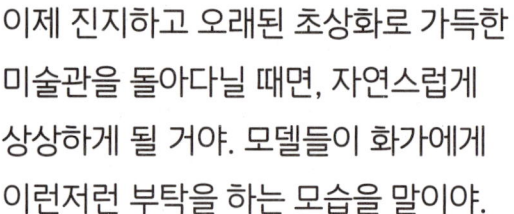

한스 홀바인(아들), 〈헨리 8세의 초상화〉, 1537년경

프랑스 플로리스, 〈나이 든 여인의 초상화〉, 1558년

내 초상화에 번쩍이는 하얀 이를 다 그려 넣지는 않겠지?

너무 가난해서 초상화를 그릴 돈조차 없던,
세상의 많은 사람들을 떠올려 볼 수도 있어.

왕과 왕비 들과 같은 시대에 살면서 농사를 짓고
도시를 세우고 중요한 일을 다 도맡아 한 사람들이 있었어.
세상은 이 사람들에게 어떤 감사를 표했지?

어느 순간 몇몇 화가들은 평범한
사람들을 그리는 데 관심을 가졌어.
평범한 사람들은 돋보일 필요가 없기
때문에, 화가들이 왕과 왕비처럼 모델을
더 멋지게 꾸며 그리지 않아도 되었지.

이반 니콜라예비치 크람스코이, 〈굴레를 들고 있는 농부〉(미나 모이세예프의 초상), 1883년

음, 근데 머리를 좀 빗고 와도 될까?

초상화가 진실을 그대로 보여 준다고 해도, 우리는 여전히 초상화를 통해
사람이 다른 사람에게 어떻게 보이고 싶어 하는지를 알 수 있어.

이냐시오 산초는 1700년대 영국의 흑인 작가이자 작곡가, 상점 주인이야.
똑똑하고 재치 있는 사람으로 유명했지만, 삶은 결코 평탄하지 않았어.

이냐시오는 노예선에서 태어났어. 어릴 적에는 런던의 부자 가문에서
노예로 일해야만 했지. 도망친 이냐시오는 몬테규 공작에게 가서
자신을 고용해 달라고 설득했어.

상류 사회에서 사랑받는 초상화가 토머스 게인즈버러가
몬테규 공작을 찾아왔을 때, 토머스는 이냐시오의 초상화도 그려 주었어.

이냐시오가 입은 조끼의 금테 장식을 보면,
그가 이 집안의 노예가 아니라 중요한 사람임을
알 수 있지.

이 그림 속에는 이냐시오만 있고,
몬테규 공작은 보이지 않아.
이냐시오는 스스로 돈을 내고
초상화를 그릴 수 있는 자유인이었어.

조끼에 올린 손은 이렇게 말하는 것 같아.
"나는 신사이며 지도자이다."

토머스 게인즈버러,
〈이냐시오 산초〉, 1768년

18세기 영국에서 그림에 등장하는 흑인들은 대부분 노예였어.
이 그림은 산초가 알고 있는 진실을 사람들에게 보여 주는 거야.
바로 "모든 사람은 평등하다."라는 진실.

요즘은 스마트폰으로 자신의 얼굴 사진을 찍기 쉽지.
하지만 옛날에는 오직 화가만 자화상을 그릴 수 있었어.

화가는 자신의 진짜 모습을 드러내기 위해 그림에 여러 단서를 그려 넣었어.
이 그림에서 무엇이 눈에 띄니?

열대 식물과 동물? 맞아! 프리다 칼로는 멕시코 사람이야. 멕시코의 나무, 곤충, 털북숭이 동물을 비롯한 모든 것을 자랑스럽게 여겼지.

얼굴에 그려진 짙은 수염? 그렇지!
프리다는 강인하고 자연스러운 아름다움을 사랑했어.

가시 돋친 목걸이와 고통스러운 표정?
관찰력이 뛰어난데! 프리다는 건강이 좋지 않았고, 그림을 통해 자신이 겪는 일상적인 고통을 드러내려 했지.

프리다 칼로, 〈무제〉(벌새와 가시 목걸이를 한 자화상), 1940년

프리다의 자화상은 좀 다른 종류의 거짓말이라고 할 수 있어.
아마 프리다는 어깨에 고양이와 원숭이를 앉힌 채 정글에 간 적이 없었을 거야.
하지만 이런 단서들은 프리다의 진짜 생각과 느낌을 보여 주지.

일어나게, 제멋대로 초상화의 대가여! 이제 우리가 향할 곳은…

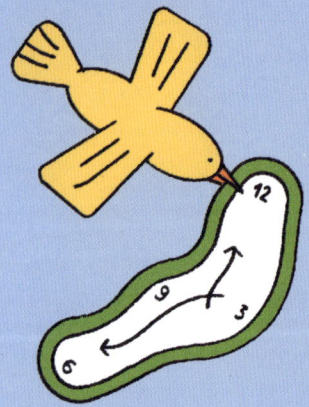

초현실주의

초현실주의

아침밥을 먹으면서 다른 사람에게
간밤에 꾼 꿈 이야기를 들려준 적 있니?

레오노라 캐링턴, 〈자화상〉, 1937–1938년

초현실주의 작품은 마치 꿈처럼 보여.
꿈 같은 느낌을 살리려면,
대부분의 사물이 평범하게 보여야 해.

평범한 방, 평범한 의자, 평범한 듯 보이는 흔들 목마…
여기에 뭔가 특별한 걸 더하는 거지.
그곳에 속하지 않을 만한, 하이에나 같은 것 말이야.

꿈은 이런 것들로 가득하잖아.
제자리에서 벗어난 온갖 것들 말이야.

중요한 건, 우리 모두 꿈을 꾼다는 거야.
버스 운전사도,
치과 의사도,
군인도,
선생님도.

어른들도 누구나 꿈을 꿔.
아닌 척하지만, 어른들 머릿속에도 별난 생각이 가득하다고.

이상한 꿈을 꾸는 게 너뿐인 것 같겠지만,
사실 우리 모두 별난 꿈을 꿔.

깨어 있을 때, 우리는 누구보다 합리적인 척하는 데 익숙해.
우리만의 독특한 방식으로 세상을 바라보려 하지 않지.

미술의 가장 위대한 점은 합리적일 필요가 전혀 없다는 거야.

네 꿈속에나 존재할 만한 것들을 미술 작품에서는 얼마든지 만날 수 있어.

이 끔찍한 찻잔처럼 말이야.
우우우우우우우우웩, 입안 가득 털이 느껴지는 것 같아!

아우, 잠깐만. 칵, 퉤! 털 뭉치가 나왔네. 미안.

메레 오펜하임, 〈오브제〉(털에 싸인 점심), 1936년

초현실주의자들은 단정하고 따분해지는 법을
배우지 않은, 아주 별난 어른들이야.

생각이 사방팔방으로 뻗어 나가도록 두고
무엇이 떠오르는지 지켜보았지.

가끔은 붓이나 연필을 쥐고 그림을 그리기도
했어. 특정한 무언가를 그리려 하지 않고
그저 손을 움직이는 거야.
이를 오토마티즘, 즉 자동기술법이라 불러.
'낙서'를 이렇게 고상한 용어로 부르다니.

호안 미로는 낙서의 대가이지.
물론 나 다음이지만 말이야, 에헴.

호안 미로, 〈어릿광대의 사육제〉,
1924-1925년

미로의 그림에서 뭐가 보이니?
정답은 없어. 미로의 머릿속에
뒤섞여 있던 풍경이니까!

만일 정답을 아는 척하는 어른이 있다면, 완전 거짓말쟁이에 허풍쟁이라고 생각하면 돼.

어쨌든 내 눈에는 달, 기다란 죽마, 기타, 뱀처럼 구불거리는 선, 악마 같은 원숭이와 아주 이상한 염소인지 캥거루인지 곰 같은 게 보이네. 뿔피리도 보이고! 네 눈엔 어때?

초현실주의자들은 근사한 작품도 많이 남겼지만, 파티광이기도 했어. 사람들 앞에서 분장한 채 이상한 행동을 해서, 까다롭고 고지식한 어른들을 깜짝 놀라게 했지.

대부분의 어른들이 살아가는 모습보다 훨씬 재밌어 보여. 특히 그 당시는, 네 셔츠 단추가 잘못 채워진 것만 봐도 사람들이 놀라 자빠지던 시절이었거든. 아마 그랬을 거라고.

그러니 초현실주의자들이 품고 있는 커다란 비밀은… 이 사람들이 어른보다 아이에 가깝다는 거야. 이들은 예술과 삶 속에서 우스꽝스럽고 유쾌하면서도, 별나고 신나는 일을 하고 싶어 했어.

필립 할스먼, 〈살바도르 달리〉, 1954년

유명한 초현실주의 화가 살바도르 달리는 자기 콧수염을 갖고 노는 데 선수였어. 〈바닷가재 전화기〉라는 작품은 낡은 전화기의 수화기 자리에 바닷가재를 대신 올려놓은 건데, 위 사진 작품만큼이나 초현실주의자들이 얼마나 재미있게 놀고 싶어 했는지를 잘 보여 주지!

초현실주의는 너무 예술적이고 진지해 보일 수 있지만, 사실 전혀 그렇지 않아.
너도 지금 바로 초현실주의자가 될 수 있는걸.

진짜야. 딱 5분 걸릴 테니까,
부모님에게 잘 말해 봐. 미술가가 될 거라
지금 당장 집안일을 도울 수 없다고 말이야.

1. 서로 어울리지 않는 사물 두 개를 떠올리고, 서로 어울리게 붙여 봐.

2. 침대 곁에 종이를 준비해 둬. 일어나자마자 꿈을 잊어버리기 전에 그려 봐.

3. 눈을 감은 채, 몇 분 동안 쉬지 않고 그림을 그려 봐. 네 깊은 무의식에서 어떤 별난 것들이 튀어나오는지 살펴봐.

4. 다른 사람들 앞에서 엉뚱하고 재미있는 행동을 해 봐. 꽃게처럼 옆으로 걷거나 신발을 머리에 쓰는 것처럼, 네가 원하는 대로 뭐든!

자, 초현실주의자가 되기 위해
바닷가재 모자를 쓰고 으쓱대며 걸어가 볼까?

고대 조각

고대 조각

미술관을 가득 채운 고대 조각상들을 보면서,
'뭔가 빠졌는데?' 하고 생각해 본 적 없니?

그게 사람의 머리라는 걸 알아차렸어?

고대 조각은 수천 년을 살아남은 작품이야.
다른 오래된 물건들과 마찬가지로,
고대 조각도 완벽한 상태를 유지하지는 못해.

이리저리 부딪히면서 일부가 떨어져 나갔지.
툭 튀어나온 코나 귀가.
고추가 떨어져 나가기도 해.

작자 미상, 〈로마 여인의 토르소, (잃어버린) 그리스 여신상〉,
기원전 420–400년경

어른들은 고대 조각상 앞에서 무척 진지해 보여.
"고전적인 예술이지."라거나,
"멀고 먼 고대로부터 내려 온 작품이란다!"라고 말해.

그렇게 위대한 작품이라면, 왜 일부가 자꾸 떨어져 나가는 거야?
왜 죄다 우중충한 회색인 거고?

사실 고대 조각도 원래는
이런 모습이었어.

고대 그리스인과 로마인들은
조각상에 화려한 색을 칠했어.
조각상의 주인공은 대부분
신이나 통치자였지. 이 작품의
주인공은 아우구스투스 황제야.

그래서 미술가들은
조각상의 주인공이 일반 사람들보다
더 멋지게 보이도록 색을 칠했어.
몇 세기 후, 정신없어 보인다고
생각한 따분한 어른들이 조각상에서
색을 다 지워 버렸어.
그래서 조각상은 아주 근엄해 보여.
우중충하고 재미없지만.
정말 아쉬운 일이지!

작자 미상, 프리마 포르타의 아우구스투스 채색 복원,
2004년

조각상의 색이 황당해 보일 수도 있지만,
조각상에 얽힌 이야기야말로 얼마나 황당한지 한번 들어 봐!

옛날 옛날, 악테온이라는 사람이 사슴 사냥을 나갔다가
달의 여신 아르테미스가 강에서 목욕하는 모습을 봤어.
여신은 벌거벗고 있었지.

악테온은 아르테미스를 훔쳐본 뒤 몰래 도망치려 했지만,
아르테미스에게 들키고 말았어. 여신은 크게 분노했어.
당연히 그래야지!

그래서 아르테미스는 악테온을 사슴으로 만들었어.
악테온의 사냥개들이 그를 봤을 때, 무슨 일이 일어났을까?
사냥개들은 사슴으로 변한 악테온을 먹어 치웠어.

끝.

오래된 회색 조각상은
우리에게 이상하고
믿을 수 없는 이야기들을
들려주고 있어.
일단 비밀을 알게 되면,
조각상들은 생생히
살아 움직이게 되지!

작자 미상, 〈사냥의 여신 아르테미스〉,
기원전 5-4세기경

저 이야기가 너무 섬뜩하게 들린다면,
이것도 한번 들어 봐.

라오콘은 트로이에 살던 나이 든 신관이었어.
몸은 근육질이지.

그리스인들은 적군 트로이인들에게
엄청나게 커다란 목마를 선물로
보냈어.

얼마나 멋있었는지 몰라.

목마 안에 트로이 사람들을
죽일 군인들이 가득 숨어 있었다는
것만 **빼면** 말이야.
역사상 최악의 선물일 거야.

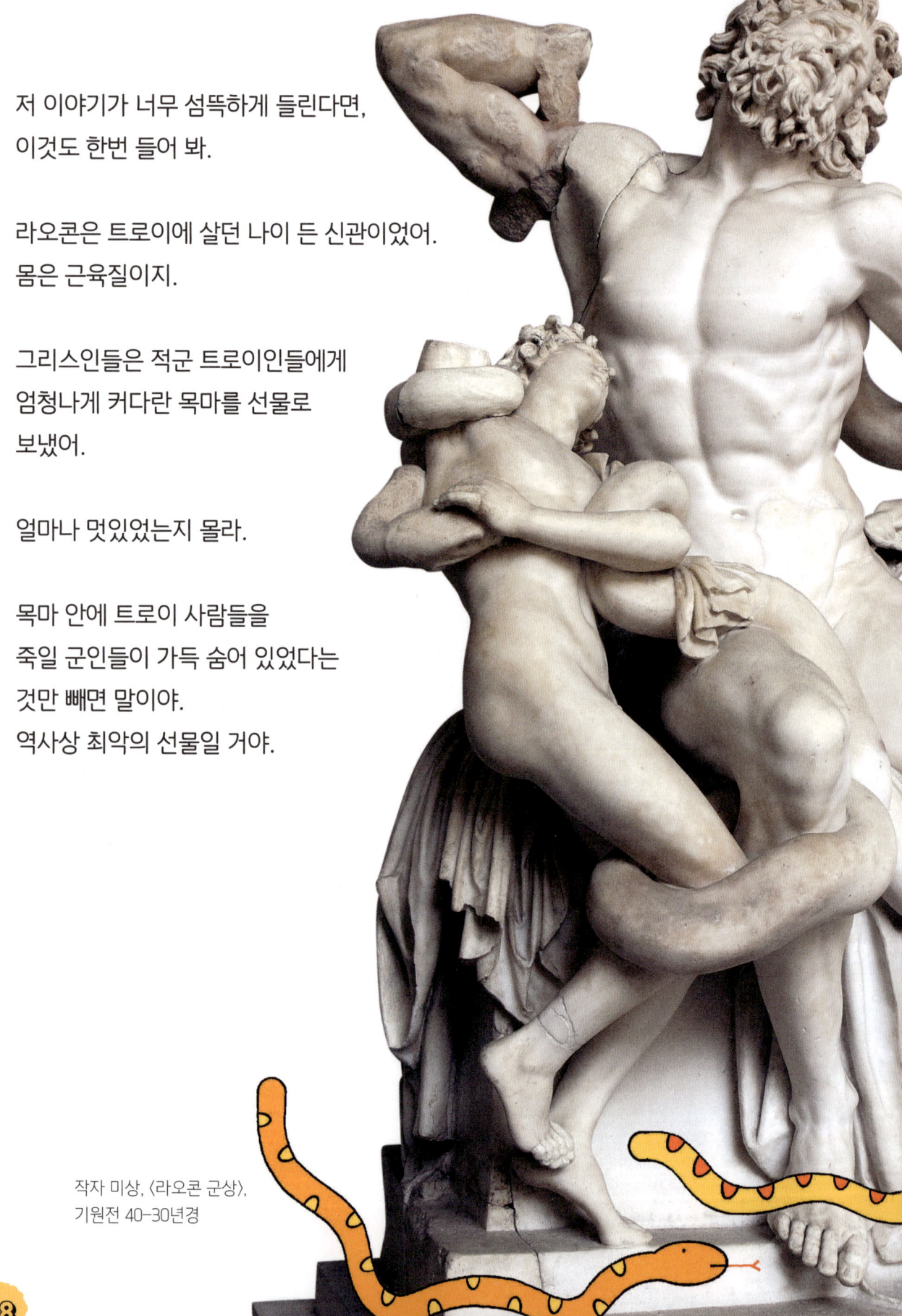

작자 미상, 〈라오콘 군상〉,
기원전 40-30년경

라오콘은 트로이 사람들에게 다가올 위험에 대해 경고했어.
그래서 신들은 크게 화가 났지. 다들 알겠지만, 신들은 그리스의 편이었거든.

고대의 신들은 사람들을 괴롭히곤 했어. 하지만 현실 속에서 당하는
성가신 괴롭힘과는 수준이 달라. 신들은 무한한 마법의 힘을 갖고 있으니까.

신들은 라오콘과 아들들을 죽이려고
뱀 몇 마리를 보냈어. 독사가 아버지와
아들을 물었어. 끔찍하게.

자, 이제 무시무시한 신들에게서
좀 벗어나 보자고. 어서어서!

정물화

정물화

얀 판 하위쉼, 〈테라코타 화병에 담긴 꽃〉, 1734년

어른들은 이런 그림을 좋아해. "정말 예쁘네."라며 감탄하곤 하지.

화가가 그 말을 듣는다면, 머리를 한 대 콩 때릴 게 분명해.
왜인지 알려 줄게.

어느 날 얀 판 하위쉼이라는 화가가 그림을 그리려고 꽃을 샀어.
시간이 너무 오래 걸리는 바람에, 꽃이 시들어 죽어 버렸어.
그래서 하위쉼은 꽃을 좀 더 샀어.

그러고는 포도 몇 송이를 샀지.
그런데 또 시간이 오래 걸리는 바람에 포도가 갈색으로 바뀌었어.
마침내 썩기 시작했지.

하위쉼은 이틀에 한 번씩 시장에 나가
꽃과 포도와 달걀을 더 많이 샀어.

마침내 하위쉼은 그림을 완성해
친구에게 보여 주었어.
친구가 뭐라고 했게?

"예쁘네!"
그래서 하위쉼은 친구의 머리를
콩 쥐어박았어.

뭐, 내 생각이긴 해. 안 그래?
내 말은, 옆쪽에 있는 그림을
자세히 살펴봐.

과일은 없고 꽃만 있어.
꽃 한 송이 한 송이 모두
거울에 반사된 것처럼 선명하지.

이 그림은 그냥 예쁜 게 아니고,
눈부시게 아름다운 거라고!

클라라 피터스, 〈치즈, 아몬드, 프레첼이 있는 정물〉, 1615년경

우리는 이런 그림을 '정물화'라고 불러.

'가장 지루한 이름 짓기 대회'에서 상을 받고 싶은 어른이 붙인 이름인가 봐.
사실 정물화는 상징과 의미로 가득한 그림이라고.

많은 사람들이 치즈를 무척 사랑해.
클라라 피터스는 최고의 치즈 화가지.
치즈를 잘 그리는 건 쉽지 않아.
왜냐하면 첫째, 쥐가 치즈를 파먹고
둘째, 시간이 지나면 치즈는 썩기 마련이거든.

클라라가 화가로 활동할 때, 주변 화가들은 대부분 남성이었어.
그때 사람들은 여성은 아이를 낳아 키우고 요리만 하면 된다고 생각했어.
여성은 미술가가 될 수 없다고 생각했지.
클라라는 그런 생각이 말도 안 된다고 여겼어.

클라라는 사람들이 계속 자신의 그림을 남성 화가의 작품이라고 생각하자,
몹시 짜증이 났어. 그래서 클라라는 작품에 누구나 자기 정체를
알 수 있도록 했어.

일단 칼에 자신의 이름을 새겨 넣었고…

물병에 비친 자기 모습도 그려 넣었지.
클라라는 이렇게 말하고 싶었던 거야.
"봐! 난 남자가 아니야. 난 클라라라고."

그리고 이렇게도 말하겠지.
"이 치즈는 완전히 맛이 갔네. 우웩."

정물화가 다 사랑스럽기만 한 건 아니야.
때로는 살면서 보기 싫은 것들에 대해 이야기하기도 하지.

오리 게르쉬트는 생화를 얼린 다음, 산산조각이 나도록 깨뜨리는 작업을 해.

초고속 카메라를 이용해 꽃이 공중에서 폭발하는 순간을 잡아내는 거지.

오리는 정물화를 통해 삶의 귀중함에 대해 이야기하고자 했어.
그리고 그 귀한 삶이 얼마나 쉽게 깨질 수 있는지에 대해서도 말이야.

정물화를 감상할 때는 사물의 진짜 의미를 찾기 위해
세심하게 살필 필요가 있어. 보이는 것과는 전혀 다른 의미일 수 있으니까.

오리 게르쉬트, 〈폭발 04〉, 2007년

페테르 클라스의 정물화는 '상징'이라는 비밀스러운
메시지로 가득해. 삶이 얼마나 짧은지를 보여 주지.
우울한 마음도 들겠지만 또 어떤 마음이 들까?

그림 속 바이올린을 살펴보자.
바이올린에 숨은 메시지는 이런 게 아닐까?
'모두가 음악을 사랑하지만, 음악조차도 끝이 나지.
그러니 음악을 들을 수 있을 때 즐겨야 해.'
물론 네 바이올린 연주가 형편없다면,
음악이 끝나야 비로소 즐거워지겠지만 말이야.

페테르 클라스, 〈바이올린과 유리볼이 있는
바니타스('허무함'을 뜻하는 라틴어)〉, 1628년

낡은 시계를 고치려다가 탁자 위에
던져 둔 것처럼 보여. 우리는 시간이
어떻게 움직이는지 알아보려고
애쓸 수 있지만, 결코 알 수는 없을 거야.
무슨 말인지 알겠지?

어우, 해골은 좋은 신호는 결코 아니야, 안 그래?
해골이 무엇을 상징하는지 한번 짐작해 봐.
힌트를 줄게. 'ㅈ'으로 시작하고,
'소음'과 끝 글자가 같아.

페테르도 클라라처럼 자신을 그림 속에
그려 넣었어. 방 전체가 보이도록 볼록거울을
사용해서 자신을 더 잘 드러나게 만들었지.
하지만 거울은 언제든 터질 수 있는 비눗방울처럼
보이기도 해. 페테르는 자신의 뛰어난 재능도
영원할 수 없다는 걸 잘 알았던 거야.

이번 이야기의 교훈은 정물화는 실제로 보이는 것과 꽤 다르다는 거야.
다음에 어른들이 정물화를 보며 예쁘다고 하면, 뭐라고 말해야 할지 알겠지?

정물화는 이제 그만! 조금 낯부끄러운 곳으로 가 보자고.

누드화

누드화

산드로 보티첼리, 〈비너스의 탄생〉, 1485년경

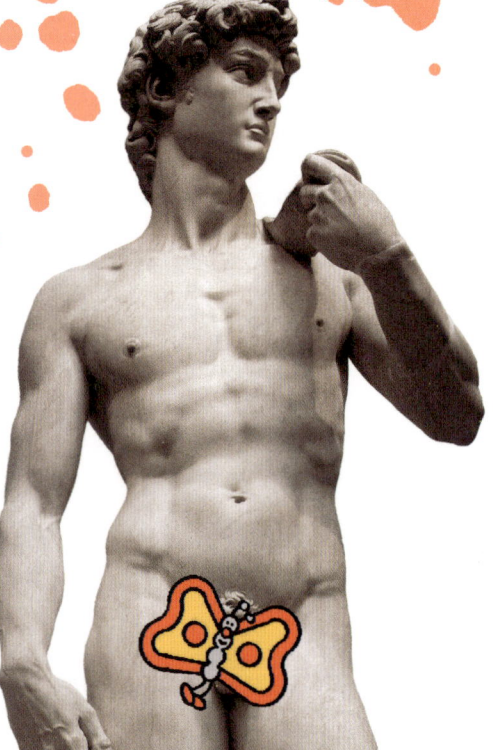

어른들은 미술관에서 아주 엄숙하게 행동해.
벌거벗은 조각상을 못 봤나?
엄청 많은데 말이야.

여기 있는 다비드와 비너스를 한번 볼까.
갓 태어난 아기처럼 벌거벗고 있잖아!
그런데 우리 주변 사람들과는 좀 다르게 생겼네.
실제 사람 같지가 않잖아.
좀… 잘난 맛에 흠뻑 빠져 있달까.

미켈란젤로, 〈다비드〉, 1501-1504년

장 오귀스트 도미니크 앵그르, 〈오달리스크〉, 1814년

위 그림의 여인도 마찬가지야.
뒷모습이 화장이라도 한 것처럼 무척 부드러워 보여.

요즘 사람들이 사진을 찍을 때 완벽하게 보이려고
자세를 취하는 것과 비슷하지. 하나도 새로울 게 없어.
사람들이 이런 짓을 한 지 수백 년이나 되었다니까!

그런데 왜일까?
그 이유야말로 우리가 진짜 알아내야 할 일이지.

옛날 화가들은 거인 골리앗과 싸운 다비드(52쪽)나 고대 로마 신화의
비너스처럼 성경이나 신화에서 소재를 빌려 온 것이 아니면,
홀딱 벗고 있는 인물을 그릴 수 없었어.

종교적 이야기와 신화 속 벌거벗은 인물은 좋은 영향을 주고
일상 속 벌거벗은 인물은 나쁜 영향을 준다고 생각했거든.

그러니 구스타브 카유보트가 목욕통에서 막 나온 남자를 그렸을 때
어떤 반응이었겠어. 사람들은 구스타브를 제멋대로 미술가라고 생각했지!

과거의 반짝거리는
누드 인물화에 비하면,
카유보트가 그린 벗은 몸은
털도 많고 흠뻑 젖어 있어.
자신이 그림 속 주인공이라는
생각도 전혀 없지.

구스타브 카유보트,
〈목욕하는 남자〉, 1884년

중요한 건, 몸을 바라보는 데
정답은 없다는 거야.

어떤 사람은 배가 불룩해.
어떤 사람은 배가 홀쭉하고.
어떤 사람은 목이 길고 가늘어.
어떤 사람은 목이 두껍고.
어떤 사람은 소중한 부위를
가리기 위해 새를 이용하기도 하지.

하지만 나머지 우리 모두는
이런 짓은 안 해.
이런 말해서 미안,
하지만 진짜 좀 이상하잖아.

아놀로 브론치노, 〈난쟁이 모르간테의 초상〉, 1553년 이전

우리의 가장 멋진 모습을 보여 주려는 마음은
이상한 게 아니야. 우리의 벗은 몸을 많은
사람들이 본다고 생각하면 더더욱…

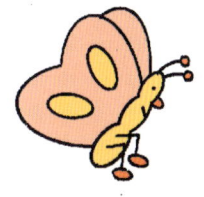

마크 퀸이 제작한 앨리슨 래퍼의 누드 조각상은
런던 트라팔가 광장의 네 번째 좌대에 올랐던 작품이야.
그야말로 공공장소를 위한 작품이지.

래퍼는 태어날 때부터 팔이 없고 다리가 짧았어.
그래서 장애의 어려움과 장애를 바라보는 사람들의 불편한 시선을
모두 극복해야 했지.

퀸은 래퍼의 벗은 몸을 대리석으로
조각하면서 우쭐해 하는 사람의 모습이
아니라 여신처럼 보이도록 만들었어.

마크 퀸, 〈임신한 앨리슨 래퍼〉, 2005년

부펜 카카르, 〈네가 모두를 기쁘게 할 수는 없어〉, 1981년

벌거벗은 인물이 등장하는 그림을 통해, 우리는 모두 비슷한 사람이란 걸 알 수 있어. 우리가 누구든, 우리의 삶이 어떻든지 말이야.

부펜 카카르는 자신이 동성애자임을 세상에 알리기 직전, 이 그림에 자신의 벗은 몸을 그려 넣었어. 그림을 통해 자신의 성 정체성을 밝혔지. 부펜이 살아가는 방식이 모두를 기쁘게 할 수는 없을 거야. 하지만 부펜이 자기 정체성을 자랑스럽게 여기고 있다는 점을, 그림 속 벌거벗은 뒷모습을 통해 읽을 수 있어.

엉덩이는 이제 그만 보자고!
완전히 추상적인 세계로 떠나 볼까?

추상 미술

추상 미술

어떤 장소에 대한 느낌을 단어로는 표현할 수 없을 때가 가끔 있어. 그럴 때 필요한 건, 이야기를 들려주는 그림이야.

조안 미첼은 이 그림을 그릴 때, 미국 미네소타라는 특정한 장소를 떠올렸어. 하지만 조안은 미네소타와 꼭 닮게 그리고 싶지 않았어. 그건 사진으로도 충분하고, 사진은 누구나 찍을 수 있으니까.

그 대신 조안은 미네소타에 얽힌 기억을 그림에 담았어. 옥수수 밭을 스쳐 지나가는 바람 같은 것 말이야.

조안 미첼, 〈미네소타〉, 1980년

그림 속 날씨는 어때 보여? 덥고 화창했을까,
아니면 비가 억수같이 퍼부었을까?

조안은 미네소타에서 살 때 어떤 느낌이었을까?
그곳에서 행복하고 신났을까,
아니면 영 별로였을까?

봐, 아무런 단어가 없어도
그림에서 많은 걸 읽어 낼 수 있다고!

잠깐만. 그림이 어떤 사물이나
풍경을 닮아 보이는 게 싫다면,
대체 뭘 그리는 거지?

현실에서는 절대 볼 수 없는 무언가를 상상해 봐.
으스스한 기분 같은 것.

피에트 몬드리안,
〈빨강, 파랑, 노랑,
검정의 구성 3번〉,
1929년

우리는 물리적인 세계에 살고 있지. 그런데 피에트 몬드리안은
보이지 않는 세계에 꽤 흥미로운 것들이 있다는 것을 그림으로
보여 주고 싶어 했어. 말하자면 '정신적인' 것들을 말이야.

몬드리안은 형태와 색채를 보기 좋게 배열했는데,
이 방식은 몇 세기 전 이슬람 화가들의 방식과 닮아 있어.
알함브라 궁전을 장식한 타일의 배열은 완벽한 조화 속에서
물리적인 것과 정신적인 것 모두를 보여 주지.

작자 미상, 알함브라 궁전의 타일,
스페인 안달루시아, 14세기

추상 미술이 정신적 세계와 물리적 세계 사이의 균형만큼이나
복잡한 것을 표현할 수 있다면, 또 무엇을 보여 줄 수 있을까?
고약한 냄새? 아니면 음악?

여기서 문제 하나. 음악은 어떻게 생겼을까?
악기를 말하는 게 아니야. 우리가 듣는 음악 말이야!

바실리 칸딘스키는 음악이 이 그림처럼 생겼을 거라 생각했어.

귀를 기울여 보면, 정말 음악이 들려올 것만 같아.
조금은 시끄럽고 어수선하고 따라 부르기 어렵게 느껴져.
버스를 기다리면서 휘파람으로 따라 부를 수는 없겠지만,
정말 음악처럼 보이기는 해.

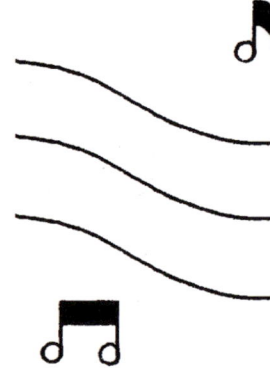

칸딘스키는 사람들의 이런 말에 짜증이 났어.
"이 그림은 거미줄 같은데."
"와, 우주에서 불꽃놀이를 하는 것 같아."
칸딘스키는 이렇게 대답했지.
"이 바보들아! 이건 추상화라고!"

그가 무슨 말 하는지 알겠지? 이건 그 무엇도 아니야.

바실리 칸딘스키, 〈검은 선〉, 1913년

칸딘스키와 마찬가지로, 바버라 헵워스 역시 그 무엇도 아닌 미술 작품을 만들었어. 그러니 작가에게 이 작품이 구멍 뚫린 헤이즐넛 같다느니, 또는 외계인의 기타 같다느니 하는 말은 하지 말길 바라.

바버라는 풍경을 보며 느낀 점을 표현하기 위해 이 작품을 만들었어. 작가는 영국의 해안선, 특히 그녀가 살던 콘월의 해안선을 무척 사랑했지.

자세히 들여다보면, 부서지는 파도가 떠오르는 모양이 보일 거야.
또는 자갈이 보일 거야.
어쩌면 언덕과 동굴이 보일 수도 있고.

바버라 헵워스, 〈풍경 조각〉,
1944년 첫 제작, 1961년 주조

혼자서도 추상화를 그릴 수 있어.
사진으로 찍을 수 없는 무언가를 떠올려 봐.

1. 엄청나게 배고픈
   느낌일 수도 있지.

2. 진짜 차가운
   수영장에 뛰어들었을 때
   놀란 느낌일 수도 있고.

3. 아니면 진짜 지독한
   방귀 냄새일 수도 있어.

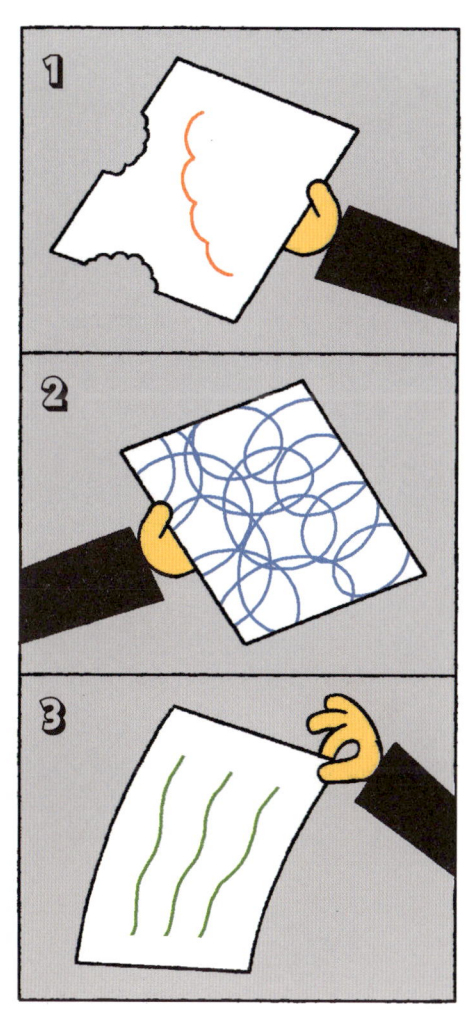

그리고 떠올린 것을 그림으로 표현해 봐.
아무것도 닮지 않게 표현한다는 건 쉽지 않아.
미술이 흥미롭기 위해 꼭 '무엇'일 필요는 없어.

추상 미술은 충분히 봤으니,
이제 현대 미술로 가 볼까?

현대미술

현대 미술

무엇이든 현대 미술이 될 수 있어.
어른들은 이렇게 말하지. '이게 웬 쓰레기 더미야.'

그리고 어떤 현대 미술 작품은 진짜 쓰레기 더미
취급을 받았어. 런던 테이트모던 미술관에 설치되었던
구스타브 메츠거의 '자동파괴적 미술' 작품은 그야말로
쓰레기처럼 보여서 청소부가 갖다 버렸다니까!

하지만 현대 미술을 쓰레기 같다고 부르는
어른들은 무언가 잊고 있어.

우리는 모두 다르다는 걸 말이야.
그러니 우리가 만드는 작품도 다 다를 수밖에.

어느 날 야요이 쿠사마는 사람들과 함께
미술 작품을 만들기로 결심했어.

먼저 방을 온통 하얀색으로 칠했지.
그리고 누구나 원하는 곳에
스티커를 붙일 수 있도록 했어.

야요이 쿠사마, 〈망각의 방〉, 2002년-현재

어른들은 뒤로 물러나 턱을 긁적이며 이렇게 말하겠지.
"그렇게 하면 안 돼."

하지만 야요이는 관람객 모두가 참여하기를 바랐어.
그녀가 세계를 바라보는 방식을 우리 모두가 함께 나누길 원했지.
약간 말썽을 피우는 것처럼 보여도 말이야.

네가 사는 동네에서 가장 마음에 드는 게 뭐야?
근사한 건물이려나? 거리 미술로 뒤덮인 알록달록한 담?
너희 동네에서 도저히 떼어 놓을 수 없는 그런 거.
자, 이제 누군가가 그걸 부숴 버렸다고 생각해 봐.
기분이 어때?

어느 날, 이라크의 아름다운 조각상이 산산조각으로 부서졌어.
다른 사람의 기분은 전혀 신경 쓰지 않는 누군가가 일부러 한 짓이었지.
부서진 조각상은 라마수 석상이었어. 사람 얼굴에 황소 몸을 하고
날개가 달린 고대 아시리아 문명의 수호신이지.
라마수 석상과 라코위츠의 작품은 거의 비슷하게 생겼어.
하지만 큰 차이점이 있어. 이건 낡은 시럽 통으로 만들어졌거든.

마이클 라코위츠는 이라크 사람이라면 누구나 아는 재료를 사용했어.
왜냐하면 라마수는 이라크 전체의 것이었거든.
조각상을 만드는 데는 대추야자 시럽 깡통
10,500개가 필요했어.

마이클 라코위츠는 자신의 조각상을
'유령'으로 묘사했어. 이 작품이 관람객의
머릿속에 남아, 부서진 라마수 조각상을
모두가 잊지 않기를 바랐지.

마이클 라코위츠,
〈보이지 않는 적은
존재하지 않아야 한다〉,
2018년

모나 하툼,
〈편안한 소파〉, 2008년

벤치처럼 보이지만, 이 커다란 치즈 강판은 앉는 용도로 만들어진 게 아니야.
작가 모나 하툼은 이 작품을 통해 사람들 앞에 모습을 드러내는 건
누구에게나 불편할 수 있다는 걸 말하고 싶었어.
어른들조차도.

여기에 가장 큰 비밀이 숨어 있어.
모든 미술가는 사람이야. 미술가는 외계인이나 괴물이 아니야.
어떤 점에서는 좀 닮은 것처럼 보이지만 말이야.
너와 나처럼(특히 나처럼), 미술가들은 늘 진지하지만은 않아.
어떨 땐 바보 같아. 어떨 땐 불편하고, 또 어떨 땐 뛸 듯이 기쁘고.
어떨 땐 배고프지!

톰 프리드먼은 커다란 피자 조각상을 만들었어.
진짜 같아서 한 조각 먹고 싶을 정도야.
배가 너무 고프면 머릿속에 음식 생각뿐일 때가 있잖아.
사실, 거의 매일 그래. 내 생각에는 톰도 비슷한 모양이야.

그러니 어른들이 너에게 미술이 무엇인지 말하려고 하면,
고개를 끄덕이며 이렇게 말하면 돼.
"아, 그래요? 정말 똑똑하시네요!"

하지만 절대로, 절대로
어른들에게 말하지 마.
미술이 얼마나 재미있는지!
이건 우리만의 크고 멋진
비밀이니까.

톰 프리드먼,
〈무제〉(피자), 2013년

전문 용어

고대
아주, 매우, 무척, 엄청 오래전을 말해.
사람이 기록을 남긴 시절까지 거슬러 올라가.

고대 그리스 로마 미술
고대 그리스와 로마 시대의 미술이야.
기원전 5-4세기 사이에 만들어진, 아주
사실적인 대리석 조각상이 포함돼.

대리석
조각을 만들 때 흔히 쓰는 재료야.
하얀색으로 차갑게 빛나고 매우 무거워.
깎아내기는 어렵지만, 꽤 멋있어 보이지.

모델
화가를 위해 자세를 취하는 사람이야.

사진
카메라로 찍은 사진 알지? 오래된 아날로그
카메라에는 필름이 들어 있었는데, 최신
디지털 카메라는 마이크로칩과 전자
부품으로 바뀌었대.

설치 미술
특정 장소를 위해서 설계한 미술 작품이야.
야요이 쿠사마의 〈망각의 방〉(70-71쪽)도
설치 미술 작품이지.

자동기술법
생각하지 않고 무의식적으로 그림을 그리는
방법을 말해.

자화상
화가가 스스로 그린 자기의 초상화를 말해.
자화상은 완전히 추상적이거나 상징이
가득할 수 있어. 현실과는 거리가 먼
자화상도 많아.

작업실
화가가 작업하는 공간이지.

정물화
가만히 있는 사물을 그린 그림을 말해.
보통 식탁에서 볼 수 있는 사물들(음식, 그릇,
꽃다발, 책, 해골 등)을 많이 그려.

조각

재료를 새기거나 깎아서 입체의 형상을 만드는 미술 분야야. 주로 나무, 금속, 돌 등을 재료로 삼지.

주조

금속을 녹인 다음, 원하는 모양의 형틀에 부어서 물건을 만드는 거야. 주조 작업으로 만든 걸 '주물'이라고 해.

채색화

평평한 천이나 종이에 물감으로 그린 그림이야.

초상화

특정한 사람을 그린 그림을 말해. 보통 대상이 되는 사람의 가장 멋진 모습이나 그보다 더 나은 모습을 보여 줘.

초현실주의

화가, 시인, 사진가, 영화감독 등이 참여한 예술 운동이야. 초현실주의자들은 꿈을 탐험하기 위해 미술을 활용했어. 우리 안의 '무의식'에서 아이디어를 발견했지.

추상 미술

어떤 사물을 재현하지 않은 미술 작품을 말해. 추상 미술은 보통 형태, 색채, 구불거리는 조각들로 이뤄져 있어서 현실처럼 보이지 않지.

캔버스

그림을 그리는 천 조각이야. 보통 나무틀에 고정시키거나 평평한 사물에 붙여서 사용해.

현대 미술

오늘, 어제, 또는 10년 전쯤 그러니까 최근에 만들어진 작품을 말해. 시간이 계속 흐르기 때문에, '최근'을 특정 날짜로 정의하기는 어려워.

작품 목록

✦ 작품의 크기는 세로 x 가로(센티미터)로 표시했습니다.

4쪽 레오나르도 다 빈치, 〈모나리자〉, 1503–1519년경
목판에 유채, 77x53
루브르 박물관, 파리

10쪽 작자 미상, 중국 황후 초상화 (서태후로 추정), 1835–1908년경
비단 두루마리, 크기 미상.
가브로/알라미 스톡 포토

11쪽 왼쪽 맨 위 작자 미상, 〈무굴 왕비〉 (또는 왕족의 반측면 초상화), 1800–1899년경
과슈 물감, 53.7x39
웰컴 컬렉션. 함자칸/알라미 스톡 포토

11쪽 가운데 맨 위 작자 미상, 〈나지르 알 딘 샤의 젊은 시절 초상화〉, 1850년경
종이 위 잉크, 불투명한 수채물감과 금, 60.9x40.6
나슬리 M. 히라마넥 컬렉션 펀드가 구매, 조안 팔레브스키 선물(AC1992.211.1). LACMA, 로스앤젤레스

11쪽 오른쪽 맨 위 로히어르 판 데르 베이던, 〈포르투갈의 이자벨라 부인의 초상화〉, 1450년경
목판에 유채, 46x37.1
게티 미술관, 로스앤젤레스

11쪽 아래 한스 홀바인(아들), 〈베디흐 가문 사람의 초상 3〉, 1532년
오크 목판에 유채와 금, 42.2x32.4 (아래 1.3 화폭 추가)
메트로폴리탄 미술관, 뉴욕

12쪽 자크 루이 다비드, 〈그랑 생 베르나르 고개로 알프스 산맥을 넘는 나폴레옹〉, 18세기 후반–19세기 초반
캔버스에 유채, 259x221
말메종과 부아프레오 성의 국립박물관, 뤼에유말메종, 프랑스

15쪽 안토니 반 다이크, 〈반 다이크의 아내 메리〉, 1640년경
캔버스에 유채, 104x81
프라도 미술관, 마드리드
헤리타지 이미지 파트너십 유한회사/알라미 스톡 포토

16쪽 왼쪽 프랑스 플로리스, 〈나이 든 여인의 초상화〉, 1558년
목판에 유채, 108x25
프랑스 노르망디 캉 미술관
픽처 아트 컬렉션/알라미 스톡 포토

16쪽 오른쪽 한스 홀바인(아들), 〈헨리 8세의 초상화〉, 1537년경
캔버스에 유채, 238.2x134.2
워커 아트 갤러리, 리버풀

17쪽 이반 니콜라예비치 크람스코이, 〈굴레를 들고 있는 농부〉(미나 모이세예프의 초상), 1883년
캔버스에 유채, 125x93
키예프 국립 러시아 예술 미술관
사진 페인터스/알라미 스톡 포토

19쪽 토머스 게인즈버러, 〈이냐시오 산초〉, 1768년
캔버스에 유채, 73.7x62.2
캐나다 국립 미술관, 오타와
사진 NGC

21쪽 프리다 칼로, 〈무제〉(벌새와 가시 목걸이를 한 자화상), 1940년
보드에 고정시킨 캔버스에 유채, 62.5x48
해리 랜섬 센터, 텍사스 대학교, 오스틴.
© 멕시코 은행 디에고 리베라 프리다 칼로 미술관 기금, 멕시코, D.F./DACS 2020

25쪽 레오노라 캐링턴, 〈자화상〉, 1937–1938년
캔버스에 유채, 65x81.3
메트로폴리탄 미술관, 뉴욕
© 레오노라 캐링턴 재단/ARS, NY & DACS, 런던 2020

27쪽 메레 오펜하임, 〈오브제〉(털에 싸인 점심), 1936년
털에 싸인 컵, 컵받침, 숟가락(컵 지름 10.9, 숟가락 길이 20.2, 전체 높이 7.3)
뉴욕 현대미술관, 뉴욕
© DACS 2020. 사진 뉴욕 현대미술관, 뉴욕/스칼라, 플로렌스

28–29쪽 호안 미로, 〈어릿광대의 사육제〉, 1924–1925년
캔버스에 유채, 93.3x119.4
알브라이트–녹스 아트 갤러리, 버팔로, 뉴욕 사진 알브라이트–녹스 아트 갤러리/아트 리소스, 뉴욕 © 석세시오 미로/ADAGP, 파리& DACS 런던 2020

30쪽 필립 할스먼, 〈살바도르 달리〉, 1954년
사진 © 필립 할스먼/매그넘 포토

34쪽 작자 미상, 〈로마 여인의 토르소, (잃어버린) 그리스 여신상〉, 기원전 420–400년경
에린 밥닉/알라미 스톡 포토

35쪽 작자 미상, 프리마 포르타의 아우구스투스 채색 복원, 2004년
P. 리버라니의 모형을 본 따 만든 석고상에 채색, 바티칸 미술관, 높이 220
헤리티지 이미지 파트너십 유한회사/알라미 스톡 포토

37쪽 작자 미상, 〈사냥의 여신 아르테미스〉, 기원전 5-4세기경
대리석, 높이 200
루브르 박물관, 파리
포토 조세/스칼라, 플로렌스

38-39쪽 작자 미상, 〈라오콘 군상〉, 기원전 40-30년경
208x163x112
바티칸 미술관, 로마.
사진 아담 이스트랜드/알라미 스톡 포토

42쪽 얀 판 하위섬, 〈테라코타 화병에 담긴 꽃〉, 1734년
캔버스에 유채, 81x60.6
개인 소장. 사진 픽처 아트 컬렉션/알라미 스톡 포토

44쪽 클라라 피터스, 〈치즈, 아몬드, 프레첼이 있는 정물〉, 1615년경
목판에 유채, 34.5x49.5
마우리츠 미술관, 헤이그

45쪽 클라라 피터스, 〈치즈, 아몬드, 프레첼이 있는 정물〉(일부 확대), 1615년경
목판에 유채, 34.5x49.5
마우리츠 미술관, 헤이그

47쪽 오리 게르쉬트, 〈폭발 04〉, 2007년
라이트젯 프린터, 240x180
© 오리 게르쉬트. 모든 저작권은 DACS/아트이미지 2020 보유

48쪽 페테르 클라스, 〈바이올린과 유리볼이 있는 바니타스〉, 1628년
오크 목판에 유채, 35.9x59
게르만 국립박물관, 뉘른베르크

49쪽 페테르 클라스, 〈바이올린과 유리볼이 있는 바니타스〉(일부 확대), 1628년
오크 목판에 유채, 35.9x59
게르만 국립박물관, 뉘른베르크

52쪽 왼쪽 미켈란젤로, 〈다비드〉, 1501-1504년
대리석, 높이 426.72
아카데미아 갤러리, 플로렌스

52쪽 오른쪽 산드로 보티첼리, 〈비너스의 탄생〉, 1485년경
캔버스에 템페라, 172.5x278.5
우피치 미술관, 플로렌스

53쪽 장 오귀스트 도미니크 앵그르, 〈오달리스크〉, 1814년
캔버스에 유채, 91x162
루브르 박물관, 파리

54쪽 구스타브 카유보트, 〈목욕하는 남자〉, 1884년
캔버스에 유채, 144.8x114.3
뮤지엄 오브 파인아트, 보스턴
© 뮤지엄 오브 파인아트, 보스턴.
모든 저작권은 스칼라, 플로렌스 보유

55쪽 아뇰로 브론치노, 〈난쟁이 모르간테의 초상〉, 1553년 이전
캔버스에 유채, 150x98
우피치 미술관, 플로렌스
사진 스칼라, 플로렌스

56쪽 마크 퀸, 〈임신한 앨리슨 래퍼〉, 2005년
대리석, 355x180x260
© 마크 퀸. 사진 닉 해밀턴/알라미 스톡 포토 © 마크 퀸

57쪽 부펜 카카르, 〈네가 모두를 기쁘게 할 수는 없어〉, 1981년
캔버스에 유채, 175.6x175.6
테이트. © 쉐몰드 프레스콧 로드, 부펜 카카르 재단

60-61쪽 조안 미첼, 〈미네소타〉, 1980년
캔버스에 유채, 260.4x621.4
루이 비통 재단 컬렉션 © 조안 미첼 재단

62쪽 피에트 몬드리안, 〈빨강, 파랑, 노랑, 검정의 구성 3번〉, 1929년
캔버스에 유채, 50x50.2
개인 소장. 사진 © 크리스티 이미지/브리즈먼 이미지

63쪽 작자 미상, 알함브라 궁전의 타일, 스페인 안달루시아, 14세기
사진 호세르 피사로/셔터스톡

65쪽 바실리 칸딘스키, 〈검은 선〉, 1913년
캔버스에 유채, 129.4x131.1
솔로몬 R.구겐하임 미술관, 뉴욕
© 2020 솔로몬 R.구겐하임 재단/아트 리소스, 뉴욕/스칼라, 플로렌스

66쪽 바버라 헵워스, 〈풍경 조각〉, 1944년 첫 제작, 1961년 주조
녹청이 생긴 청동과 끈, 66x31.8
바버라 헵워스 © 바우네스. 사진 © 크리스티 이미지/브리지먼 이미지

70-71쪽 야요이 쿠사마, 〈망각의 방〉, 2002년-현재
가구, 하얀색 페인트와 점무늬 스티커, 치수 변동
야요이 쿠사마와 퀸스랜드 아트 갤러리 합작. 2012 퀸스랜드 아트 갤러리 재단을 통한 화가의 선물.
퀸스랜드 아트 갤러리 | 현대미술 갤러리.
© 야요이 쿠사마.
사진 마크 셰우드, QAGOMA

73쪽 마이클 라코위츠, 〈보이지 않는 적은 존재하지 않아야 한다〉, 2018년
이라크의 대추야자 시럽 깡통 10,500개, 금속 프레임, 길이 426.7
© 마이클 라코위츠.
사진 제프로그/알라미 스톡 포토

74쪽 모나 하툼, 〈편안한 소파〉, 2008년
검정색으로 도색된 철제, 31.5x219x98
© 모나 하툼. 커티시 갤러리. 맥스 헤츨러, 베를린 | 파리.
사진 요르크 폰 브루흐하우젠

75쪽 톰 프리드먼, 〈무제〉(피자), 2013년
스티로폼과 물감, 218.44x218.44x12.7
© 톰 프리드먼. 커티시 오브 디 아티스트, 루링 어거스틴, 뉴욕 & 스테판 프리드먼 갤러리, 런던

벤 스트리트 글
런던에서 활동하는 예술사학자이자 작가입니다. 10년 이상 아이들과 가족들에게
예술을 소개했습니다. 뉴욕 현대미술관과 런던 국립 미술관, 덜위치 미술관의
미술관 교육자로 일해 왔으며 다양한 연령층을 위한 미술 책을 썼습니다.

제이 대니얼 라이트 그림
베를린에서 활동하는 그래픽 아티스트이자 일러스트레이터입니다. 뉴욕 타임스, 디 차이트,
뉴요커 등과 작업했으며『예술가처럼 생각하고 만들기』에 그림을 그렸습니다.

황유진 옮김
연세대학교에서 영어영문학을 전공하고, '한겨레 어린이 청소년 번역가 그룹'에서 공부한 후
프리랜서 번역가로 활동하고 있습니다. 우리말로 옮긴 책으로『언니와 동생』,
『키스 해링, 낙서를 사랑한 아이』,『내 머릿속에는 음악이 살아요!』 등이 있습니다.
그림책37도의 대표이자 그림책 테라피스트로도 활동하고 있으며,
쓴 책으로『어른의 그림책』이 있습니다.

♦ 앞표지 그림: 레오나르도 다 빈치,〈모나리자〉, 1503-1519년경

북극곰 궁금해 시리즈 9
내 멋대로 미술가
2021년 4월 6일 초판 1쇄

글 벤 스트리트 ‖ 그림 제이 대니얼 라이트 ‖ 옮김 황유진
편집 노한나, 이지혜 ‖ 디자인 전다은, 기하늘 ‖ 마케팅 최은애
펴낸이 이순영 ‖ 펴낸곳 북극곰 ‖ 출판등록 2009년 6월 25일 (제 300-2009-73호)
주소 서울시 마포구 독막로 320 B106호 ‖ 전화 02-359-5220 ‖ 팩스 02-359-5221
이메일 bookgoodcome@gmail.com ‖ 홈페이지 www.bookgoodcome.com
ISBN 979-11-6588-063-7 77400 ‖ 979-11-89164-60-7 (세트) ‖ 값 15,000원

Published by arrangement with Thames & Hudson Ltd. London,
How to Be an Art Rebel ⓒ 2021 Thames & Hudson Ltd, London
Text ⓒ 2021 Ben Street
Illustrations ⓒ 2021 Jay Daniel Wright
This edition first published in Korea in 2021 by BookGoodCome, Seoul
Korean edition ⓒ 2021 BookGoodCome

이 책의 한국어판 저작권은 저작권자와의 독점 계약으로 북극곰에 있습니다.
저작권법에 의해 한국 내에서 보호를 받는 저작물이므로 무단 전재와 복제를 금합니다.
「이 도서의 국립중앙도서관 출판예정도서목록(CIP)은 서지정보유통지원시스템(http://seoji.nl.go.kr)과
국가자료공동목록시스템(http://www.nl.go.kr/kolisnet)에서 이용하실 수 있습니다. (CIP제어번호:CIP2020047697)」

KC 제품명: 도서 ‖ 제조자명: 북극곰 ‖ 제조국명: 중국 ‖ 사용연령: 3세 이상
주의! 책 모서리가 날카로우니, 던지거나 떨어뜨려 다치지 않도록 주의하세요.